ANA CHRISTEN

BISERI DJETINJSTVA

Lektorica:
MARIJA MARIĆ

Recenzent:
MARIJA MARIĆ

Bibliografische Information
der Deutschen Nationalbibliothek:
Die Deutsche Nationalbibliothek verzeichnet diese
Publikation in der Deutschen Nationalbibliografie;
detaillierte bibliografische Daten
sind im Internet über
http://dnb.dnb.de abrufbar

Satz, Umschlaggestaltung, Herstellung und Verlag:
BoD - Books on Demand, Norderstedt

ISBN: **9783750429987**

ANA CHRISTEN

BISERI DJETINJSTVA

I. ŠKOLSKI DANI

KINDER GARTEN

O kako vrijeme brzo prođe
u kinder garten kad se dođe.
Čini ti se tek što stigneš
kući moraš već da ideš.

Kako vrijeme brzo prođe
u kinder garten kada dođeš,
u igri i pjesmi provodiš sate
u oba pravca vode te i prate.

Jedva čekaš da ponovo svane
da s društvom svojim provodiš dane.
Poslije te godine dvije
kinder garten prestaje.

Umjesto igre knjigu u ruke
školsko doba, đačke muke.
Dan za danom godine lete
maze te i paze sve dok si dijete.

JEDAN PLUS JEDAN

Jedan i jedan jesu dva
svako dijete dobro zna.
Dva i jedan daju tri
na pamet se sve uči.

Tri plus dva zbroj je pet
sve to važi za cijeli svijet.
Računanje ide dalje
zato se dijete u školu šalje.

U školi se sve to uči
kad naučiš ideš kući.

ŠTREBER

Otpočeli školski dani
Perica je prvašić mali,
manje jede, bolje spava
nije više maza mala.

Prijatelje nove ima
s njima dijeli radost svu,
posebno se svi vesele
kad dobiju peticu.

I u sportu vidljivo je
redovito treniraju,
svatko od njih hobi ima
instrument se neki svira.

Za Pericu svi su znali
da će biti štreber pravi!

PRVI ŠKOLSKI DAN

Bliži se prvašiću
prvi školski dan
nestrpljivo ga očekuje
živi svoj san.

Školska torba, pribor,
slovarica i par teka
sve je spremno,
na polazak čeka.

Raduje se učenju
brojeva i slova,
slaganju rečenica
od glagola i imenica.

Osvanuo je i taj dan,
prvašić je radostan,
doma neće biti sam
ispunjen je njegov san.

ODLIKAŠICA

Za godinu školsku
učenja i rada,
zasluženom odmoru
radujem se sada.

Suze radosnice
teku mi niz lice,
kad pogledam knjižicu
u njoj sve petice.

Radost sa mnom dijeli
obitelj cijela,
čestitke upućuju
i mještani sela.

LJETNI ODMOR

Ljeto je, odmor nastaje,
Jadran plavi u zagrljaj svoj mami.
Nudi plaže, plavo more,
ringišpile sve do zore.

Sladoleda, hladnog pića,
dobrih morskih jela,
zadovoljni gosti
uslugom ugostitelja.

Izlet brodom do otoka
doživljaj je da se pamti,
bijeli biser plavog neba
s nama leti, svud' nas prati.

ŠKOLSKA LJUBAV

Stidan pogled,
osmijeh blag,
dodir ruku slučajan...
ta blizina mnogo godi
tu se prva ljubav rodi.

Gdje je ona
tu su svi,
u korak sve prate
drugovi.

Zbog nje se trudiš
učiš više
baviš se sportom
zadaća se piše.

Imenom njenim
dišeš i voliš,
do neba rasteš
od ljubavi goriš.

II. ŽIVOT JE LIJEP

ŽIVOT JE LIJEP

Leptir leti pa poleti
s cvijeta na cvijet
pjesmu pjeva, pjeva
život je lijep!

Pridružuje se i malo pače
pjeva glasom malo jače,
kva- kva- kva
u pjesmi uživa.

Pilići su pjesmu čuli
pa su igru prekinuli,
odjekuje u svijet
život je lijep!

Načulio zeko uši
i na suncu on ih grije
od radosti svud skakuće
pa se pjesmi pridružuje.

Iz obližnje guste šume
čitav hor se pridružuje
na livadi u krug spaja.
svi pjevaju tra la la la....

ŽIVOT SVOJ VOLI

Prirodnih ljepota
bogom datih svima,
na našoj planeti
dovoljno ima.

Točak sreće
ljubav pokreće.
Morem plovi,
živi život,
život svoj voli.

SREĆA

Nevidljiva jako mila
kao leptir ima krila
svi je žele za njom žude
i bogatstvo svoje nude.

Ona se ne kupuje
ne mjeri je vaga
nit' se silom osvaja
ne pomaže snaga.

Kad je imaš kad je dijeliš
i od srca svima želiš
pratit će te kao sjena
za sve vremena.

Sreću grli, sreću želi
pratit će te život cijeli,
otvori joj srce svoje
bit ćeš uvijek dobre volje.

MAJKA SUNCA

Istok je majka sunca
rađa ga jutrom polako,
istok je majka sunca
rađa ga nečujno i lako.

Zrakama svojim
najavljuje dan
noć se povlači
i prestaje svaki san.

Iz dana u dan
sve se vrti u krug,
na istom mjestu su
istok, zapad, sjever i jug!

PROLJEĆE

Ono mi je priznat' moram
od svih doba najdraže.
Proljeću se srcem divim
poslije zime sve oživi.

Vraćaju se laste s juga
nebom lete, pozdravljaju,
raspjevane vrijedne male,
gnijezda svoja obnavljaju.

Kud god pogled da usmjerim
proljetno djelo svud se vidi.
Tragove zime proljeće briše
mirisom prirode ljepše se diše.

JESEN

Raznobojna romantična
jesen šulja se,
nosi svoje sve sa sobom
bogata je...

Naporan godišnji trud
nagrađuje plodovima,
darovita je i
za svakog po nešto ima.

Zlatna boja prevladava
žuti lišće, sve opada,
kišno vani,
nevrijeme slijedi
u kući toploj rado se sjedi.

PAHULJE

Lepršavo s neba lagano padaju
kao da se usput dogovaraju.
Gdje će koja na koju će stranu,
na koji krov, cestu ili granu?

Zimsko ruho lagano se tka
pahulja do pahulje, san, čarolija.
Zabijeli se brijeg, saviju se grane
od snježne ljepote dah zastane.

Snježna idila na radost svima
za ljubitelje zime koja milina.
Grudvanje, sankanje
po snijegu valjanje,
zima je bajka za uživanje.

III. ŽIVOTINJSKO CARSTVO

MRAVI

Gledam mrave
stalno nekud žure,
tako mali,
tako vrijedni
jel' se oni umore?

Ima ih žutih
ima ih crnih,
velikih i malih,
al' kad ugrizu oni,
kako to boli!

Mali Miro
to najbolje zna,
od njih već ima,
uboda dva.

RODA

Priznajem,
ja jesam mala,
ali istinu sam
željela znati
kojim putem
i na koji način
dobila me mati!

Pokušali su mi
odgovorom
zamazati oči.
Rekoše mi:
"Roda te donijela u noći"

Ljuta sam na mamu,
i razne tete...
zašto lažu
jedno malo dijete?

MALO MAČE

Jedno malo mače
po krilu mi skače,
hoće da se igra
prava mala čigra.

Kandžicama grebe
umiljato gleda,
u klupko se zapetlja
nikom prići ne da.

A kad miša spazi
sve pred sobom gazi,
s njim se vani juri
ne da mu da projuri.

PIJETAO

Rujna zora rudi
pijetao se budi
širi krila,
kukuriče,
budi koke i piliće.

Kukuriku, kukuriku,
iz sveg glasa pjeva,
daleko odjekuje
budilnik sela.

Kad domaćin čuje,
odmah on ustaje,
perad pušta iz ćumeza
raduju se zdjeli punoj kukuruza.

BUBAMARA

Bubamara, Bubamara
moju lovu ona špara,
za ključ nitko ne smije znati
samo moja draga mati.

Kad rodbina u posjet dođe
svi za moju kasu znaju,
novčanike otvaraju
novcima je darivaju.

Kad se kasa napuni
zahvalim se svima,
a i Bubamara
veselo se klima.

KOMARCI

Kad se na odmor putuje
očekuje se najbolje.
Očekuješ sve
samo komarce ne.

Ko za inat,
svuda ih ima
lete, zuje
nedaju ti mira.

Rukama se braniš
i komarce tjeraš,
tijelo svoje čuvaš
da te peckaju ne daš.

KUĆNI LJUBIMAC

Kućnog ljubimca
Jelena ima,
jednog malog miša,
vrlo dragog svima.

I dok mama
ručak sprema,
kraj šporeta
maca drijema.

Sve se čuje, odjekuje,
i do tajnih dvora,
tamo gdje se miš
od mace skrivat' mora.

Iz rupe u zidu
viri mala njuška,
hoće miš da vidi
što se tamo šuška.

Al' miš mora sačekati
dok se Jelena kući vrati.
Tad će maca rep svoj dići
i na drugo mjesto otići.

LEPTIR I PAČIĆI

Ogladnjeli pačići
u čekanju plakali
ručak nitko ne sprema
mame kući nema.

Vrijeme sporo prolazi
patka kući ne dolazi,
ogladnjeli pačići
u suzama zaspali.

KVA-KVA-KVA
patka pačad poziva
na čistinu zelenu
da se trave najedu.

Trčeći po travi
zaljulja se cvjetić mali
s njega leptir poleti
pa u igru uleti.

KVA- KVA-KVA
što je igra ta?
Niti im se jede,
niti im se spava,
igra im je milija
neg' zelena trava.

ZMIJA

Po zemlji se nešto vuče
jezik plazi, otrov skriva,
na stomaku stalno puže
nema noge, nema krila.

A u podne kad užegne
tijelo svoje u krug svija,
pa se sunča i uživa,
Sunce njenoj koži prija.

Na kamenu ona spava
zmijske snove sanja,
sneno vreba, mirno čeka
neki plijen iz daleka.

MALI PTIĆI

U krošnjama grana
leži ptica mala,
s nestrpljenjem očekuje
mladunčad iz jaja.

Kad je vrijeme
za to došlo
vinula se u visine
i radosnu vijest prenosi
izlegla je svoje mile.

Pa sad leti tamo-amo
hranu skuplja da ih hrani,
iz gnijezda se čuje cvrkut:
-ćiju..ćiju...mi smo gladni.-

PAS MUNJA

U uglu dvorišta
ima kuća mala,
u njoj hrče pas
dnevne snove sanja.

Svake noći budan bdije
kad spavamo čvrstim snom,
čuva kuću, brani nas
od lopova u pravi čas.

On se zove Munja
odgovara mu ime
najbolji je pas
cijele okoline.

BAJA RADA

Baja Rada, baja Rada
plete mreže svoje,
tako mala, tako mala
mnogi je se boje.

Ona nikom ništa neće
brzinom se svuda kreće,
mreže spaja pokidane
u njih skuplja za se' hrane.

Kad u mrežu plijen upadne
zatrese se lako,
brzo ga tad ulovi
i pojede slatko.

JANJADI

Na livadi zelenoj
stado travu pase
brižni čoban čuva ih
-od vukova, zna se!

Pomoć svoju njemu nude
i čuvari psi
svud' okolo trče oni
da se stado ne razdvoji.

Nestašna su janjad mala
kad se zaigraju,
u šumu bi oni išli,
al' im psi ne daju.

Uporna su i ne slute
što se u šumi skriva,
ali psi to dobro znaju
s puta im se ne sklanjaju.

ZLATNA RIBICA

Bio star ili mlad
svatko neku želju ima,
u vremenu ovom teškom
sreća je potrebna svima.

Ribica zlatna, zlatno joj ime
znamo za nju od pamtivijeka.
Živi, živi i živjet će
to zlatno stvorenje
ovoga svijeta.

Hvala ti, ribice, hvala ti,
za ispunjenje mnogih želja
za tisuće osmijeha na usnama
i za sva tvoja dobra djela.

I dalje plivaj u moru,
valovima sreće i veselja.
obraduj mnoga srca
uz ispunjenje željenih želja...

ORAO

Nebom leti, širi krila
sa visine okom cilja.

U dvorištu kuku-rikuu..
peradi su na vidiku.

Svi u zaklon, brže bolje
strašnog orla svi se boje.

Kruži, gleda i sve snima
za tren oka, svud čistina.

Pijetao se pobrinuo
u sklonište sve smjestio.

Poviruje i brižno gleda
izić' vani nikom ne da.

IV. ŠARENICA DJETINJSTVA

ŠARENI BISERI DJETINJSTVA

Selo moje plodno je bilo
šarene bisere mi poklonilo.
Putovima mojim posuti su svuda
vezala me s njima
moja rodna gruda.

Šarene bisere djetinjstva moga
gledam iz kuta bića odrasloga.
To rodno selo, srcu mom drago
od rođenja sa mnom je vezano.

Ni vjetrovi ni kiše,
ni vrijeme to ne briše!
Svu ljepotu osjećam i sada
duša puna čežnje, povratku se nada.

ZUBIĆI

Nicali su
boljelo me
svaki puta
muke jake,
bijeli, mali
ti zubići
nisu znali
što mi rade.

Da su mogli
bezbolno bi
stvorili se oni,
al' prirodom
to je dato
kada rastu
jako boli.

LOPTA

Veličine svake ima
okrugla je, kotrlja se
za njom trče svi sportaši,
bacaju je košarkaši.

Željom svom i brzinom
svi se bore, to se zna,
tko će loptom zatrest mrežu
da se slavi pobjeda.

KAZALJKE SATA

Naprijed idu tika-taka
i po suncu i po kiši
dal' je ljeto ili zima
ritam uvijek isti ima.

Po njemu se vrijeme mjeri
i plan pravi za cijeli dan
pogled često na sat leti
bio star ili mlad.

Naprijed idu tika-taka
raznorazne kazaljke,
neumorne u centru sata,
iz svog kruga ne izlaze.

KRUŠKE ZRELE

Na livadi pored puta
sazrila je kruška žuta,
sve do zemlje grane svila
godina joj rodna bila.

Pod tom kruškom starac sjedi
i u hladu on je čuva
ne da nikom da ubere
žute kruške već sazrele.

Nedaleko od te kruške
hladni izvor sve to gleda
žao mu je voćke stare
i ne shvaća starog djeda.

Hladni izvor žubori
djecu malu on moli
odnesite djedu vode
nek osvježi grlo svoje.

Dirnut pažnjom gesta toga
omekša se srce djeda
on dozvoli djeci svoj
da priđu kruški sazreloj.

POLA DEVET

Kad noć polako pada
meni tada zna se,
vrijeme za krevet,
približava se.

Ni umorna nisam,
niti mi se spava,
dan mi je kratak
ja bih se još igrala.

Mama kaže: "Pola devet,
dosta dušo, sad u krevet!"
Ispriča mi bajku jednu,
poljubi u lice i
poželi laku noć,
pa kaže:
"Do sutra moja ljepotice!

Laku noć u pola devet,
nema igre, već u krevet!

LIST NA VJETRU

Listić jedan maleni
na grani se viori,
kada vjetar jako duva
opire se, on se čuva.

Još ne želi da otpadne
čeka jesen da nastane
kad požuti i uvene
otpast će tada sam
u neki kišni sudnji dan.
Vjetar mu i nije poteban.

MILICA I KIŠICA

Pada kiša, kišica
vani kisne Milica
kišobran ne nosi
kiša pada po kosi.

Pletenice rasplela
u krug trči vesela
po livadi travu gazi,
al' na cvijeće strogo pazi.

Noge su joj bez obuće
izula ih iza kuće,
s prozora je zove mama:
"Što to radiš, mili Bože
bit ćeš mokra sve do kože."

Al' Milica to ne čuje
već po travi poskakuje,
i ne misli ništa više
nego sluša kapi kiše.

ZIMSKA IDILA

Zime su bile
duge i hladne,
snijega je bilo
savijale se grane.

Sjećam se zime
i dubokog snijega,
noge mokre
pokisla odijela.

Zimska idila,
selo k'o iz bajke
s toplim čajem mama
dočekuju đake.

PRAVLJENJE ŠNJEŠKA

U igri se djeca
u grupe dijele
u svakoj igri
imaju ideje.

Dok pahulje
s neba viore i padaju
snješko raste
svi mu se raduju.

Od radosti trče
na sve strane
donose snijeg, lonce,
mrkvu i grane.

Dugmiće za oči,
topal šal,
pravljenje snješka
uljepšava im dan.

BADNJA VEČER

Kad baka kolače peče
a djed u šumi jelku siječe,
za Badnju noć sve se sprema
i za unučad iznenađenja.

U šumi ih čekaju jelena dva,
s puno poklona na sankama.

Kad badnjak djeca donesu,
poklone baka dijeli,
Badnja noć se u veselju slavi
najljepši su blagdanski dani...

DOČEK NA PRAGU

Hvala ti Bože
za moju mamu
i neka mi živi
još mnogo ljeta,
lijepo je kući
s puta doći,
s osmijehom
na pragu
da me dočeka.

MOJ TATA

Livade je kosio
kosu često oštrio
ranom zorom ranio
i otkose slagao.

Kad u podne ugrije
ni tad kosac ne miruje,
u voćnjaku ispod šljiva
klepa kosu i uživa.

U tuđinu on da ode
poželio nikad nije
živio je skroman život
na tlu svoje djedovine.

NOĆ DEŽURA

Poslije dugog napornog dana,
umorni su svi.
Trebaju odmor i miran san.
opet ih čeka naporan dan.

Dok noć dežura...
u kući jednoj
svjetiljka gori
to majka nad svojim
djetetom bdije.
Bolesno je.

Majka ga ljulja
miluje i ljubi
čajeve kuha
sve do rane zore.

I noć se pita:
kako izdržati može sve to,
a onda i sama shvati
tko bi mogao drugi
ako ne brižna mama.

MATIČNA MLIJEČ

Dok u košnici matica leži
vrijedne pčele brinu za nju,
hranu joj prave, hranu joj daju,
za matičnu mliječ svi znaju.

U par riječi kaže se sve
za matičnu mliječ
riječi pohvale.

Za dug život i dobro zdravlje
jedite ono što priroda daje.

CRVENA RUŽA

Pupoljak ruže
već odavno gledam
i čekam da otvori
latice svoje,
bliži se rođendan
drage bake moje.

Crvenu ružu ona voli
uživat će u mirisu njenom.
Radost na licu sakriti neće,
s ružom u ruci blistat će od sreće.

KAPI KIŠE

Sivi oblak
tiho diše
pušta male
kapi kiše.

Žedna zemlja
kapi guta
višak teče
pored puta.

Osvježava prirodu
preporod joj daje
u zaklone bježe mnogi
sve dok kiša traje.

TUNEL

Kad kroz tunel vozim se
pomislim tad na sve,
na sve ljude neznane
što su tunel gradili.

Mnoge su ruke
žuljeve dobile
i takve žuljave
znoj sa čela brisale.

Svaki put kažem:
Hvala svima,
i onima koji ne rade više,
koji kroz tunel
do mirovine stigoše.

DOBRA VILA

U mome selu
živjele su vile
raspletenih kosa
od zlatne svile.

Činile su uvijek
jako dobra djela
pričane su priče
od sijela do sijela.

Krenula je na sijelo
i jedna stara baka
zapeo joj kamen
pa pala nejaka.

Sa visoke stijene
spazi dobra vila
pa poletje u pomoć
raširenih krila.

Vidje baka pomoć stiže
srce kuca malo brže.
Osmijeh ne silazi s lica
koje kvasi suza radosnica.

Bakina priča, na tom sijelu
bila je o vili i njenom djelu.
Priča baka blista od sreće
taj doživljaj nikad zaboravit neće.

V. VRATIMO DJECI OSMIJEH NA LICE

VRATIMO DJECI
OSMIJEH NA LICE

Radosti nemaju
u brigama plove,
osjećaj samoće
čini svoje.

Tužnog pogleda
djetinjstvo žive
ne vide ljepotu
malo čemu se dive.

Pokažimo djeci
ljepote svijeta
ljepote jeseni,
proljeća i ljeta.

Pričajmo djeci
da smo djeca bili
isto kao i oni
neštašni al' mili.

Kroz igru i smijeh
poklonimo im vrijeme
to djeca vole
oni to cijene.

ZEMLJOPLES

Zatrese se zemlja
kad stonoga hoda
zapljusnula mjesec
hladna morska voda.

Zaljubio se mačak
u kokoške dvije
sad pijetao više
ne kukuriče.

Skočio je skakavac
kod vrapca na granu
otima mu trešnju
već zrelu, ubranu.

Na leđima leptir
nosi bubamaru
krenula na ples
pa pala u baru.

Lisica se uhvatila
magarcu za rep
i upravlja njim
kao da je slijep.

Desilo se tako
još po neko čudo
zagrlila Zemlja nebo
pa se vole ludo.

Ništa više nije, nije kao prije
ništa nije, ne može ni biti.
Pleše zemlja, plešemo i mi
i pjevamo zbogom pameti.

OSMIJEH

U osmijehu se
snaga krije,
dušu krijepi
kad jaka nije.

Od sjaja u očima
boje duge
nevolja bježi
negdje drugdje.

Sa osmijehom
se ljubav rađa
uz osmijeh je
sreća slađa.

Osmijeh briše suze
i liječi sve boli.
Nasmijan budi
bezuslovno voli.

MEZIMICA JEDINICA

Kvase često moje lice
tople suze plačljivice,
sve mi smeta sve bih htjela
kao jedinaca grupa cijela.

Svi me paze i čuvaju
sve što želim sve mi daju.
Sve ih volim i oni mene
pa mi pravi to probleme.

Ozbiljnost i prepreke
ne poznajem i ne želim,
al' mi dođe na tren misao
da sve svoje s nekim dijelim.

Iako sam mezimica,
razmažena bez granica.
Često kvase moje lice
tople suze plačljivice.

NE BUDI TUŽIBABA

Od malih nogu
utuvi u glavu;
ne tužakaj druge
jer ni ti nisi-
svaki put upravu!

Kada vidiš slučajno
da netko griješi,
ne gubi vrijeme
odmah to sam riješi.

Priđi mu hrabro
kao prijatelj pravi,
objasni svoj stav
i vidjet ćeš tad
što ima u glavi.

Možda će biti
toga trena ljut
to što imaš reći
neće htjet' ni čut'.

Al' bolje je tako,
nego iza leđa
širiti loše priče-
to najviše vrijeđa.

Učini drugom
što i sam sebi želiš,
drži se toga pravca
i nećeš da pogriješiš.

ŠTO ĆU BITI KAD ODRASTEM

U školi se uči svašta
raste, raste dječja mašta,
budnim okom, snove snivam
novo zanimanje sebi biram.

Pa poželim da sam pilot
i da letim nebom plavim,
al' pomislim ako padnem
sa zemljom ću da se sravnim.

Odbacujem takvu želju,
medicinar želim biti
liječiti ljude i pomagat'
od bolesti sve spašavat'.

A što ako pogriješim
i tablete pogrešne dam,
pacijentu bit će loše,
krivac bit ću samo ja.

Odbacujem i tu želju,
želim biti vojno lice.
Strogo lice čvrsti hod,
bit ću ponos roda mog.

A što ako rata bude,
zadaća je prevelika;
neću moći nadgledati
svakog baš vojnika.

Odgovoran bio bih
za nedjela sva,
presuda bi bila,
doživotna kazna.

Pred očima tatu vidim;
cijeli život zemlju ore,
kopa, sadi, plod ubire,
zašto da se njega stidim.

A u štali blaga puno
o njemu se vrlo brine.
Učim sada, a već znam,
njegovim ću stopama!

RUMENKA I ŠARENKA

Riče krava na poljani
nema više što da pase.
Perica se zaigrao
za drvo je svezao.

Vrti glavom muče dalje
Perica se igra i ne haje.
Zvono zvoni on ne čuje
sa djecom se dovikuje.

Vrti repom na sve strane
uzrujana nema hrane.
Nema mlijeka, a vrijeme teče
polako se spušta veče.

Preko puta na poljani
Šarenka se dobro hrani.
Ni Rumenka se ne predaje
stalno riče, ne prestaje.

Tek Perica spazi tada
krava mu se zapetljala.
Uže, driješi, miluje je,
čupa travu i hrani je.

I Rumenka se umirila
trbuh svoj je napunila.

OPROSTI BOŽE ODRASLIMA

Oprosti im Bože,
što su naše snove srušili
što su nam djetinjstvo
umjesto igre i pjesme
topovskim paljbama gušili.

Oprosti im Bože,
što nam kula
u pijesku nema više,
u njima smo gradili
svijet mašte
vjerovali slijepo u starije.

Oprosti im Bože,
za grijehe počinjene,
molimo Te,
izbij im iz glave
osvajanje svijeta.
Ne želimo im biti meta!

U ime dječije ljubavi,
opraštamo im sve,
uz jednu veliku želju;
da zlu kažu NE.

DEČKO S PLAVIM OČIMA

Poslala sam poruku
nekom koga volim
on mi se ne javlja
pa me srce boli.

To u školi sad svi znaju
pa me zbog tog svi zezaju.
On se pravi puno važan
poklanja mi osmijeh lažan.

Ja se u njeg' zaljubila
plave oči lijepe ima,
a zavodnik on je pravi
sve ga jure, on se brani.

Dok mi za njim ludimo
pamet i glavu gubimo.
On se pravi važan
osmijeh mu lažan.

Iz recenzije

Biseri djetinjstva

Zasigurno ste ponekad, idući za svojim poslom, prošli pored osnovne škole za vrijeme velikog odmora i čuli veselu graju i smijeh bezbrižne djece. Neki od njih trče po školskom dvorištu, neki se igraju gume, neki žmurke ili lopte, a neki se čak i potuku....No, svi oni, u zboru, veselim glasićima pjevaju svoje pjesmice-brojalice, dječje pjesme razonode, rimovane i vesele...Pjevaju ih jer pomoću njih biraju igrača za svoj tim, a neki ih pjevaju, naprosto, jer vole kako zvuči EN TEN TINI i ECI PECI PEC...i tako djeca bruje sve dok ih školsko zvono ne pozove natrag u učionice.

Upravo ova slika mi se javlja kada čitam Anine stihove posvećene djeci. Njene pjesme su prepune smijeha, životne enerije, jako tople i jasne...svojim ritmom sjećaju na dane koje smo i mi provodili u školskim klupama, jedva čekajući vrijeme za igru.

Ova zbirka je, naravno, prvenstveno namijenjena za najmlađe čitatelje, koji tek uče čitati i koji tek plašljivo zaviruju ispod korica knjige u svijet pisane riječi... Da bi im prvi susret s knjigom bio što ljepši za to se pobrinula Ana svojim stihovima, koji su inspirirani njenom prošlošću, selom, odrastanjem, ali i njenim djevojčicama.

Pjesme kao što su Noć, Pola devet, Sat, Zubići...pokazuju lakoću kojom Ana ulazi u svijet dječjih problema i muka i kroz stihove ih transformira u nešto oko čega se može i našaliti, jer zubić boli, ali raste i novi, bolji, nakon čega će bol biti zaboravljena!

Tu su zatim pjesme kojima Ana dječjim očima istražuje prirodu, gdje na djeci blizak način priča o godišnjim dobima i prirodnim pojavama: Mravi, Bubamara, Jesen, Mali list, Proljeće samo su neke od tih pjesama.

Zatim, tu su i rođendanske pjesme i pjesme o dječjoj igri na snijegu, pjesma o Zemlji i sl. Može se reći da je Anina zbirka pjesnička šarenica u kojoj će svako dijete pronaći barem jednu pjesmicu za sebe.

I ne samo dijete, već i majka, tata, baka i djed, koji će rado svojim mališanima čitati Anine stihove.

U svakom slučaju, hvale je vrijedan ovaj Anin gest prema djeci koja nemaju priliku da se tako često susreću sa svojim maternjim jezikom, jer odrastaju daleko od zemlje svojih roditelja.

Ana iz srca poklanja knjigu na jeziku koji se u Švicarskoj govori samo u kućama i domovima iseljenika.
Ova zbirka je način da djeca čuju i pročitaju i zauvijek u srcu sačuvaju tople riječi na svom materinjem jeziku. Zahvaljujući Ani, djeca izvan domovine, konačno će dobiti najljepši dar.

Marija Marić

Bilješka o autorici

Ana Christen- Jezerčić rođena je
5. svibnja 1965. godine u bosanskom
selu Vlajsovići kod Turbeta, kao treće od
sedmoro djece iz siromašne
zemljoradničke obitelji. Osnovnu školu
pohađala je u Vlajsovićima i u Turbetu, a
srednju je završila u Čitluku, nakon čega
odlazi u Švicarsku, gdje i danas živi, radi
i piše. Ima dvije kćeri. Kako sama kaže,
njeno djetinjstvo je proteklo u veseloj
igri, radu i međusobnom pomaganju.
Ipak, ponajviše vremena je provodila u
priči, pripovijedanju šala, događaja i sl.
Bila je rado slušana, pa je kao "velika
govornica" dobila nadimak Kresa i
Advokat. Za pisanje dječjih pjesama
inspiraciju pronalazi u svojim kćerima te
u djeci naših iseljenika, koja na ovaj
lijep način mogu učiti svoj maternji
jezik.

Kazalo

Zahvaljujem na velikoj pomoći:

Uliju Kiwitz
Marku D.

-----------------///-----------------